海は凪《な》ぎ、空は雲ひとつなく晴れ渡っています。

水面に、イルカが顔を出しました。

少し離れたところに浮かぶ船を見つめています。

船の上には、人影も見えます。
あわただしく動き回っているようです。

イルカは飛沫を上げて水中にもぐると、船に向かって泳ぎ出しました。

すばらしい速さで近づいていきます。

SANNEN NO HOSHIURANAI
VIRGO
2024-2026
ISHIIYUKARI

3年の星占い
乙女座
2024-2026

石井ゆかり

すみれ書房

はじめに

こんにちは、石井ゆかりです。

本書は2024年から2026年の3年間、乙女座の人々が歩んでゆくかもしれない風景を、星占いを用いて描いた1冊です。

3年という時間は短いようで長く、奥行きも深く、ひとまとめにして描き出すのは容易ではありません。本書はシリーズ4作目となるのですが、どう書けば読者の心に生き生きとした「3年」が浮かび上がるだろう、と毎回悩みます。短い小説を書いてみたり、おとぎ話ふうに仕立てたりと、これまでさまざまに試行錯誤してきました。

そこで今回たどり着いたのが「シンボル（象徴）」です。

世の中には「シンボル」がたくさんあります。「フクロウは『不苦労』で縁起がよい」「鳩は平和のシンボル」など、置物やお菓子のモチーフになったりします。

ニューヨークの「自由の女神像」のような大きなものから、襟元につける小さな「てんとう虫のブローチ（幸運を呼ぶ）」まで、人間は森羅万象、ありとあらゆるものに「意味」を見いだし、それを自由自在にあやつって、ゆたかな精神世界を編み上げてきました。

象徴など信じない、という科学的思考のはびこる現代社会にも、たとえば「国旗」「県の花」などがバッチリ制定されていますし、会社を設立すればたいていは、すぐにロゴとマークを制作し、名刺などに刷り込みます。これらも立派な象徴、シンボルです。現代を生きる私たちも、まだまだシンボルを手放したわけではないのです。

実は「双子座」「蟹座」などという星座、さらに「木星」「土星」などの惑星も、私たちがそこに意味を見いだした象徴、シンボルそのものです。

「シンボル」には、いい意味も悪い意味もあります。たとえば「サル」は賢さを象徴する一方で、ズルさを表すこともあります。たいていのシンボルは両義的、つまり吉凶、善悪の両方が詰め込まれています。

「シンボル」に与えられた「意味」を調べるのは、辞書で単語の意味を引くのに似ていますが、その広がりは大きく異なります。シンボルはそれぞれがひとつの宇宙のようで、そのなかに実に豊饒な世界を内包しているからです。

さらに、シンボルは想像力、イマジネーションでできあがっているので、外界に対してかたく閉じているわけでもなければ、その世界のサイズが決まっているわけでもありません。どこまでも広がっていく世界、ときには外界から新風さえ吹きこむ世界が、シンボルの抱いているミクロコスモスなのです。
たとえば「双子座の人」「乙女座の人」と言ったとき、その人々のイメージをひと言で限定的に言い表すことは、とてもできません。同じ双子座の人でも、その個性はさまざまに異なります。でも、そこに何かしら、一本似通ったベースラインのようなものが感じられたとしたら、それこそが「双子座」というシンボルの「軸」の感触なのです。シンボルとはそんなふうに、広がりがあり、開かれてもいる「世界観」です。

多くの人が、好きな数字や花、なぜか自分と近しく感じられる場所などを、心のなかに大切にあたためて「特別あつかい」しています。あらゆる物事のなかから特別な何かを選び出し、自分とのふしぎな結びつきを読み取る心が「象徴」の原点にあるのだろうと私は考えています。どれだけ科学技術が発達し、多くの人が自然科学にしか「エビデンス」を求めなくなっても、人の心が象徴を追いかける仕組みは、なかなか変わらないだろうと思います。

この3年間を生きるなかで、本書の軸となった「シンボル」が読者の方の心に、やさしい希望のイメージとしてよみがえることがあれば、とてもうれしいです。

3年の星占い　乙女座　2024年-2026年◎目次

ブックデザイン
石松あや
（しまりすデザインセンター）

イラスト
中野真実

DTP
つむらともこ

校正
円水社

1

3年間の風景

3年間の風景

冒頭の風景は乙女座の2024年からの3年間を見渡して、私が選んだ「シンボル」です。「なぞなぞ」のようなもの、と言ってもいいかもしれません。

以下にキーワードをいくつか挙げながら、「なぞなぞのたねあかし」をしてみたいと思います。

・順風満帆、「外」に出て活躍する

――大海原を行く船

この「3年」のあいだ、あなたは「外」で活躍します。
「外」とはいったい、どんな世界でしょうか。
私たちは自分の頭のなかに、ひとつの世界を作って生活しています。
生活とは「慣れる」ことです。

おおまかに同じことを繰り返し、それに慣れ、「勝手知ったる世界」で日々をすごしてゆくことが、生活です。

そうして繰り返され、積み重ねられていく生活空間が「内・中」です。

どんなに広い世界に住んでいても、世界を股にかけて仕事をしていても、その人に見えている世界が一定のかたちを保っていて、日々が似たようなパターンで繰り返され、変化がないなら、その人は「内にこもって」生きているのです。

もしあなたがこれまで、「会社での仕事」だけに没頭していたなら、会社の外に出ることや、家に帰って自分の時間を持つことが「外」です。

もしあなたがこれまで、「自分のやりたいこと」に集中しきっていたなら、だれか自分以外の人のために時間と労力を大きく割くことが「外」です。

仕事とプライベートをバランスよくがんばってきた、という人は、そのウエイトをどちらかに大きく傾けるのが「外」です。

自分以外の人々の世話に振り回されて、自分のことをすべてあとまわしにしてきたなら、自分自身のことを見つめ、自分の世話をすることが「外」です。

家のなかにこもっていた人にとっては、扉の外の社会が「外」です。

外にばかり出ていて家に帰らなかった人には、家のなかが「外」です。


だれにとっても「内・中」の世界があり、そこは安心できる場所です。

その「外」に出ることも、「外」から来るものを受け入れることも、大きな恐怖と不安をともないます。

仕事でバリバリ活躍し、多くの部下をしたがえ、怖いものなしに見える人が、家に帰って赤ん坊のおむつを替えることを「怖くてできない」と言ったりします。

国際会議に少女が登壇してごくシンプルな意見を述べただけで、多くの大人が異様におびえ、ゆがんだ笑いを浮かべて恥ずかしげもなく少女をバッシングした光景は、まだ記憶に新しいところです。

彼らにとっては、赤ん坊や少女が「外」です。未知なる世界の未知なる生き物であり、コントロールできない、怖ろしい存在なのです。

あなたの「外」は、どんな世界でしょうか。

本書を手にとったころ、あなたが日々見ている風景を見回せば、たぶん、そこは「外」です。

あるいはまだ「内」だったとしても、「外」への扉が大きく開け放たれていて、あなたはそこから出かけてゆく準備をしているところだろうと思います。

または、「外」に向かって開け放たれた扉から、だれか、何かが入ってこようとしているかもしれません。この「外」からの闖入者《ちんにゅう》は、決して夢のなかで追いかけてくるような怖いオバケではありません。

2024年からの3年間、乙女座の人々は「外に出て大活躍する」時間をすごします。この「外」の時間は2023年のなかばからスタートしていて、2024年に入る段階ではすでに、「外」のど真ん中にいる人が多いはずなのです。

未知の世界に足を踏み入れ、新しい知見をどしどし仕入れ、フィールドを広げ、一段高い立場に立ち、社会的なポジションが変わって、大きなミッションを成し遂げ、広い世界で新たな仲間に出会う、そうしたプロセスがこの「3年」に展開します。

あこがれの人に会う人もいるでしょう。

あこがれの舞台に立つ人もいるでしょう。

大成功を収める人、大ブレイクを果たす人、一国一城の主となる人もいるでしょう。

夢を叶える人もいれば、新しい夢を見つける人もいるでしょう。

これまで「自分とは関係ない」と思っていた世界に、いきなり飛び込んでいく人もいるでしょう。

社会的に非常に高い場所に上りつめ、「自分はこのポジションにふさわしいだろうか？」と自問する人も少なくないはずです。あるいは頼られ、尊敬され、あこがれられ、次第にそのことに慣れてゆくのかもしれません。


晴れた大海原を進み、新大陸を見つけ、そこに新しい国を作るような、ひろやかな活動が叶うのが、この「3年」です。

起業の夢を見ていた人は、晴れて経営者としてスタートすることになります。

家庭を持って子どもを育てたいと考えていた人は、それを実現できるでしょう。

たったひとつだけの夢でなく、いくつもの夢を叶える人もいるはずです。

特に2024年前半の選択が、自由で斬新なものであればあるほど、その先の展開も型にはまらぬものになるだろうと思います。

冒険し、挑戦する意志が、この「3年」のあなたを支え続けます。

・遠い存在と出会う

――イルカとの邂逅

2023年から、乙女座の人々は少々特殊な人間関係を生きています。だれかと一対一で向き合っているのですが、「はたして、向き合えているのかな?」と、自分でも疑問に思えるのではないでしょうか。

たとえば、長くつきあってきたパートナーが、まるで別人のように感じられているかもしれません。

今までなんでも言い合える相手と思っていた人に、「これは言わないでおこう」と言葉を飲み込む場面が出てきているかもしれません。

とても近しく感じていた相手に、なんらかの理由で距離を置いているのかもしれません。

友だちや家族と、物理的に離れたところに住むようになり、連絡が途絶えがちになっているのかもしれません。

あるいは、新たに出会った人々との関わりに、苦心している人もいるでしょう。

たとえば、おたがいの母語が違っていて、片言でコミュニケーションを試みている、といった状況かもしれません。

おたがいのバックグラウンドが大きく違っていて、ちょっとした打ち合わせでもいちいち、多くのことを説明しなければならない、といった状態なのかもしれません。

年齢差や経歴の差、立場の違いなどがハードルになって、意思疎通がはかりにくいなかで、少しずつ関係を作らねばならない状況なのかもしれません。

相手が心に傷を負っていたり、なんらかの問題を抱えたりしているため、工夫してコミュニケーションをはからなければならない、といった状況も考えられます。

いずれのケースでも、密接に関わってはいるけれども、その関わりのなかに、重大な「距離」があります。

ですが「距離」があってもなお、関わろうとしているその動機は、やさしさや責任感、相手への共感、愛情など、あくまで積極的で前向きな思いです。

おそらくあなたのなかに、あるいは相手の胸に、「距離」を超えてでも関わらなければならない、という強い使命感があるのです。

ゆえにその「距離」は、だんだんに乗り越えられていきます。

この「距離」は、大きな絵を見るためにうしろに下がってとる「距離」にも似ています。

もしかすると２０１２年ごろから、あなたは他者を見るとき「なんとなくぼやけて、はっきり見えない」「全容がつかめない」という思いを抱いてきたのではないでしょうか。

であれば、２０２４年から２０２６年頭にかけて、その「全容をつかむ」ために必要な距離をとることができます。

自分の身長を超えるような大作を、10センチくらいの至近距離で鑑賞しようとしても、ただぼんやりと混ざった色彩が見えるだけです。

そこから数メートルうしろに下がってあらためて眺めれば、そこに何が描かれているか、やっとはっきりつかめます。

あなたは観察と分析の「鬼」のような人ですが、どちらかと言えば虫眼鏡や顕微鏡を使うような観察のほうが得意かもしれません。

でも、この時期あなたが見つめるだれかの姿は、もっとずっと大きいので、「大きいものを見るための距離」を必要とするのです。

2026年頭までの時間のなかで、あなたは2012年ごろから「いったい何をとらえようとしてきたのか」をやっと、はっきり理解できるかもしれません。「自分がこの人のなかに見てきたものは、これだったのか!」とわかる瞬間が巡ってくるかもしれません。

それはたとえば、パートナーが長らく、鬱々として楽しまないのに疑問を感じていたところ、法事でパートナーの故郷に帰り、本人のいないところで親戚から意外な「過去のエピソード」を聞いて、はじめてパートナーの落ち込みの原因がわかった! というようなイメージです。

２０２４年から２０２６年頭、これまで人間関係において漠然としていたことが、一気に具体化します。現実的な事象として、手で触れられる出来事として見えてきて、「対処」が可能になります。

人間とイルカは、古代からふしぎなつながりを持ってきました。

イルカとは言葉を交わすことはできず、ダイレクトな意思疎通はむずかしいわけですが、それでも、おたがいに歩み寄ろうとし、心を交わせたと思える瞬間を経験した人は少なくありません。

この「3年」のあなたが経験する人間関係やコミュニケーションには、「イルカとのコミュニケーション」のような部分があるのかもしれません。

簡単にはわかり合えないけれど、わかり合おうとし、わかり合える瞬間がいつか、巡ってくる。

その深い感動を、この3年のなかで何度も、味わえるだろうと思います。

・弱さへの理解

――イルカとの交渉

人間が他者と関わり、つながりを作るのは、強くなるためです。

一人ひとりでは、人間は弱い存在ですが、他者と結びつき、集団を作ることで強くなります。つまり、「関わり」は、たがいの弱さでできているのです。

この時期のあなたを取り巻く人間関係においては、そのことが非常に強調されています。

おたがいに弱いからこそ相手を必要としている、という現実が、むきだしのかたちでドカンとそこに置かれています。

特に2025年までは、あなた以外の人々の弱さを見せつけられるような場面が多いだろうと思います。

強いと思っていた人の弱さを目の当たりにするのは、ショックなものです。「強い人」だったはずなのに、実際には「強がっている人」だったと気づかされたとき、関係性が根本から変化します。

人間は弱い、ということを知った人は、強さへの入り口に立ちます。

他者への理解力が増し、心づかいが深くなり、人との結びつきを作る力が大きくなるからです。

2025年なかばから2026年なかばは特に「仲間ができるとき」ですが、人の弱さについてどれくらい深い洞察ができるかで、この時期に起こることのスケールが変わるでしょう。

一般に、人間はほかの動物よりもはるかに賢く、ずっと強い、と考えられています。ですが、大海原のど真ん中で孤立しているようなときには、人間は無力です。相対的に、イルカはずっと強い力を持つことになります。

人間の「弱さ」は、このように、場面によって相対的に生じます。ある場面では強い人も、ほかの場面では弱くなるのです。でも、私たちはそのことをなかなか自覚できなかったり、つい、弱い場面でも強そうに振る舞ってしまったりします。

ある場面で弱いからといって、その人のまるごとが弱いわけではありません。同様に、ある場面で強くても、その人のすべてが強いわけではありません。

自分にも他人にも、この真理を適用できたとき、人間観が変わり、人間関係の根本が変化する、といったことも起こるかもしれません。

・「あなたのために」できること

――イルカは船を助けに向かう

活躍の場があり、だれかとの特別な関わりがある。
ここまでに書いてきたことは、実は、バラバラの事象ではありません。
両者は、ガッチリと強く結びついています。
たとえば「家族を養うために、がんばって働く」「家族のために毎日がんばって家事やケアをしている」という意識を持つ人は、とてもたくさんいます。

あるいはビジネスパートナーを支えることに生きがいを感じている、という人もいれば、顧客や患者、生徒、要支援者など、自分の仕事の「受け取り手」がはっきりしていて、その人たちのために必死に仕事をしている、という人もたくさんいます。

「この人のために、この活動をする」。

2024年からの「3年」において、乙女座の人々はその意識を際立って強く抱くことになるようです。

自分が日々取り組んでいる活動や目指している目標が「だれのためなのか」ということが、とてもはっきりしているのです。

なかには相手からダイレクトに依頼されたり、懇願されたり、頼られたりしてそのような状況が生じる人もいるでしょう。「お願いします！」と言われ、「わかりました」と引き受けるのです。

または、排水口にはまって動けなくなっている子猫を助けるような、ピンポイントでのミッションが起こる場面もあるかもしれません。自分がだれを助けるために動いているのか、これもはっきりわかります。

「食べるため、収入のために働く」「自己実現のため、やりがいのために仕事をする」という人も、もちろんたくさんいますし、むしろそのほうがマジョリティかもしれません。

でも、この「3年」はピンポイントで「この人のために、こういう活動をする」ということがはっきりわかる場面があります。

そのあなたのがんばりが、相手を救うことになるのです。

あるいは、そうした活動を通して、あなた自身が救われる可能性もあります。

人は「なぐさめ」よりも、「役割」によって救われることがあるからです。

一般に、人が他者に対して「相手のために」やったことが、すべて的を射るとはかぎりません。

むしろ「よかれと思ってやったのに裏目に出た」といったケースのほうが、頻発するものなのかもしれません。

相手のためと信じてやったことが、相手にとってはありがた迷惑だったり、相手を傷つけるような結果になったりすることは、本当によくあります。

そのときはうまくいったように見えても、長い時間が経ってから「あのとき、あなたがあんなことをしたから、今こんなひどい状況になっているのだ」と責められ、愕然とするようなシチュエーションも、決して珍しくありません。

相手が家族や恋人で、心から大切に思い、相手のためになるようにと願って行動していたのに、結果的にはそうならなかった、というケースも多々あります。むしろ、距離が近い関係のほうが、「裏目に出た」ときの傷は深くなるものなのかもしれません。

人が人に対して「してあげること」に、正解はあるのでしょうか。

第三者から見れば明らかに「まちがい」だとわかるようなケースもあれば、だれもが意外だと感じるような顛末も存在するでしょう。

ただ、この「3年」の乙女座の世界では「的外れなサポートが裏目に出る」危険はおそらく、少ないだろうと思います。

なぜなら、あなたが相手を見つめるまなざしに、前述のような「距離」があるからです。

「裏目に出る」原因の多くは、「わかったつもり」です。

相手をちゃんとわかっている、自分が何をすべきかよく知っている、と思った瞬間、道を誤る危険が増大します。

この時期のあなたはその点、相手への理解に関して、とても謙虚なのです。「自分にはわからないかもしれない」「肝心なことが理解できていないかもしれない」という大前提に立ち、自分自身に対する疑いを決して手放さないのです。

ゆえに、「よかれと思ってやって、失敗する」確率が下がります。

経験則、過去の成功体験、自分のなかでつちかった成功のパターンなどを、この時期のあなたはかなり早い段階で、手放します。「これまでのやり方では、通用しないかもしれない」と思えるのは、活動の場が「外」であり、相対している相手が「未知の存在」「わからないところのある存在」だからです。

ゆえに、あなたは持ち前の観察眼、分析眼を総動員し、新しい知見に謙虚に向き合います。相手のなかにある未知なる部分を保留しながら、「少なくともこれだけはわかっている」というところから歩み出せます。

あなたはもともと、知に対してとても謙虚な人です。「謙虚である」ということは、決して、消極的・受動的であることを意味しません。謙虚でありながらも積極的、能動的でありうるのです。

知に対して謙虚な人は、よく学びます。

さらに乙女座の人々は、学びながら現実のなかで行動する力を持っています。「まだよくわからないから行動しない」とはならないのです。「まだよくわからないけれど、調べながら並行して、動いてみよう」というのが、乙女座の方針です。地の星座・乙女座は現実を生きる星座でもあるからです。現実は決して、人が「完全に学び終わる」のを待ってくれないからです。

この、知や理解への謙虚さと現実的行動力が、２０２４年からの「３年」では、あなたの最大の武器となります。

・「だれか」の姿に、夢を見つける

――イルカと友だちになる

「あなたの夢はなんですか？」と聞かれて、すぐに答えられる人もいれば、迷う人もいます。あるいは「夢なんてありません」と即答する人もいるでしょう。

子どものころに「夢は？」と聞かれればたいてい、大人になってからの職業のことを意味しますが、大人になってからの「夢」は多様です。

もちろん、「こんな仕事をしたい」「こんな職業に就きたい」という夢を持っている大人もいます。ですがそのほかにも、「この楽器が弾けるようになりたい」「フランス語をマスターしたい」「熱気球に乗りたい」「ワールドカップを観戦したい」「宇宙に行きたい」「あこがれのあの人に会いたい」など、夢はさまざまに広がりますし、また、その多くは叶う可能性があります。

この「3年」のあいだに、乙女座の人々の多くが、新しい夢を見つけるでしょう。あるいは、長年の夢を叶えることができるかもしれません。

また、この時期に出会う夢は、「人との出会い・関わり」と結びついています。つまり、たとえば「夢を持っている人に出会い、その人といっしょに夢を追い始める」「ある人にあこがれて、その人に会うことが目標になる」「あこがれの人と同等の社会的立場に立ち、友だちになることを夢見る」などのことが起こりやすいのです。

さらには、ある人との関わりのなかで「夢が見つかる」こともあります。

たとえば、母親が機織りに苦労するのを見て動力織機を発明した豊田佐吉の話は、とても有名です。

だれかが苦労しているのを見て、「こういうものがあったら便利だろう！」「世の中にないなら、自分が作ろう」という夢が生まれます。

自分ひとりのためだけなら、たぶん、それほど大きな夢は生まれにくいのかもしれません。

だれか困っている人を見て夢を見つける人もいれば、自分がふとやったことをだれかに喜んでもらえて、そこから夢に出会う人もいます。

この「3年」のなかで、乙女座の人々もそうした夢に出会うのかもしれません。

世の中には、実際、イルカと友だちになることを夢見る人もいます。

イルカに会いたくて旅に出かける人も少なくありません。

人間と友だちになるのもなかなか大変なのに、種を越えて友情を結びたいというのは、思えばふしぎな「夢」です。

不可能に思えることを、可能にしたい。

他者と結びつくことで、新しい世界の存在を感じたい。

たとえばそんな衝動が、人間の心にあらかじめ、組み込まれているのかもしれません。

種の違うイルカは、人間にとって「他者」中の「他者」です。

この「3年」のなかであなたもまた、遠い遠い「他者」に出会い、そこから新しい夢を見つけることになるのだろうと思います。

・天からもたらされる「救い」

――イルカの伝説

この「3年」の乙女座が目指すひとつのゴールは「救い」です。

2026年後半から2027年前半にかけて、あなたはなんらかの「救い」を得て、どうしても抜け出せなかったある種の悩みや過去の縛りから、抜け出すことになります。

仕事や勉強、スポーツなどは、一生懸命がんばればある程度以上に結果が出ます。もちろん、部分的に運や環境に左右されるところはあるかもしれませんが、基本的には、自分自身の意志と努力で「なんとかできる」部分が圧倒的に大きいのです。

一方、「愛」や「救い」といった分野は、「自分の意志と努力でなんとかできる」部分がかなりかぎられています。

もとい、愛の世界では美しくなろうとする努力、コミュニケーションのあり方や他者への理解を深めようとする努力などが効果をあらわす場合も多いのですが、それでも「最終的に、愛し愛される」ところでは「努力すればきっと愛される」というわけにはいきません。

美しい人が幸福な愛に恵まれるとはかぎらず、善良で親切な人がかならず愛されるというわけでもありません。孤独に苛《さいな》まれる成功者がいる一方で、愚かな弱い人物が深い愛に恵まれていたり、失敗ばかりする人が強い愛に守られていたりします。

「救い」もまた、人為のコントロールがおよばないテーマです。

いつ、どんなかたちで救われるのか、私たちにはわかりません。

なぜ救われたのか、ということもまた、わからないのです。

宗教的な信仰を持つ人は、「信仰心のゆえに救われた」と考えるかもしれませんが、無宗教の人も「救い」を得ることはあります。

長いうつ病に苦しんでいた人が、あるときくしゃみをした拍子にアゴがはずれ、近所の病院でかくんとアゴをはめてもらい、病院の外に出た瞬間「うつが治ったのに気づいた」という話を聞いたことがあります。

長いあいだ苦しみ続け、どんなに努力しても、どんなに試行錯誤しても出口が見つからなかったのに、あるときふと、いつのまにか苦しみが消えているのに気づく、といったことが起こります。

「救い」とはそんなふうに、突然降り落ちてくるもので、私たちには操作も誘導もできないのです。

まじめ一方で生きてきて、閉塞感と孤独感に悩まされていた人が、あるとき夜遊びにムリヤリ誘われ、そこで「生き返る」ほどの感動を得た、というエピソードを聞いたこともあります。

ちょっとした家出や現実逃避で人生を見つめ直す人、脱線や寄り道を経て自分を取り戻す人は、たくさんいます。救いに至る道はしばしば、「善行」「道徳」とはかけ離れています。

この「3年」のなかであなたが経験する「救い」がどこからどんなかたちでくるのか、だれにもわかりません。

でも、少なくともあなたは、それをアテにはしていないようです。

さらに言えば、あなたはあくまで、自分の問題を自分の力でなんとかしようとしています。

この「自分の力でなんとかしようとする」という方針は、乙女座の人々にはごく当たり前のものなのですが、おそらく2024年から、従来以上にその思いがぎゅっと濃く、強くなっているはずなのです。

あなたの世界に、この3年の終わりごろに立ち現れる「救い」と、あなたの努力やがんばりには、明確な因果関係は認められないでしょう。

でも、たとえ「がんばったからこそ救われる」のではなくとも、あなたはがんばるのをやめないし、救われることもまた、事実なのです。

イルカが人間を助けようと思ったのは「恩返し」ではありません。

人間がイルカを助けるようなときも、何か恩義があってのことではありません。

それでも、「なぜか」助け合える。

天と地のふしぎな、言葉や論理を超えたやりとりが、この時期の乙女座の世界には満ちているのです。

・自由と対等

――イルカの暮らす「海」という世界

私たちは生まれ落ちたときから、上下関係に支配されています。だれが偉くて、だれが支配力を持っていて、だれの機嫌を損ねてはいけないか、ということが、生まれる前から決まってしまっています。

たとえ家庭のなかでは上下関係がなく、かぎりなくフラットな関係が成立していても、家の外に出てしまえば、隣人にとがめられることを気にしたり、先生にほめてもらいたくなったりと、自然に「力学」に巻き込まれます。

その点、完全に「外部」に出たときは、少々勝手が違います。

そもそも、その世界に所属していないので、上も下もないのです。

これは「もし、宇宙空間で宇宙人と遭遇したらどうなるか」というイメージに重なります。すぐに物理的な闘争が始まるのでなければ、たがいがまずは完全に対等にやりとりするほかありません。たがいの世界のヒエラルキーが、そこでは通用しないからです。


2025年以降、乙女座の人々は社会的に、「外」に出ることによってよりフラットな世界を見いだすはずです。

ある世界に完全に所属しているときには決して成立し得ない、上下が決まらない関わりのなかで活動できるようになるのです。

たとえば、大企業の役員だった人が、引退して地域コミュニティに参加したところ、「浮いてしまう」という話をよく耳にします。これまでヒエラルキーの上のほうに居続けた人が、いきなり町内会のようなフラットな場に参加しても、すぐには態度を変えられないのです。会社組織のなかではどんな場でも「上か、下か」がある程度以上に決まっていますが、持ち回りで毎年会長が替わるような町内会では、そうはいきません。この元役員は「外」に出たので、新しい自由と対等をどう生きていいか、模索中なのです。

2024年からの「3年」のなかで、あなたはもしかすると、こんな自由を見いだすことになるかもしれません。あるいは2025年から向こう7年ほどのなかで、そうした「自由と対等」を生きる術を発見するのかもしれません。

海にぽつんと浮かぶ船に乗った人間と、海中を自由自在に泳げるイルカでは、どちらが「上」でしょうか。これもたぶん、上下が決まらない関係なのだと思います。

どちらが上かを考えることに、もはや意味がないのです。

２０２４年以降のあなたが向かおうとするのは、そうした世界です。上か下かを問うたり、どちらが強いかを争ったりするのは、ここではまったくナンセンスです。

おそらくこの時期は「だれが上に立つか」より、もっとだいじなことを考えねばならなくなります。

より切迫した、重要なテーマがどんどん浮上して、力関係などにかまっていられなくなるのです。

そこではどれだけ自分の力を誇示したかではなく、どれだけ他者のことを考えて行動できたかで、自然にポジションが定まります。

上を目指して上に立つのではなく、まわりを広く深く見ていたことが、結果的にあなたを、リーダー的な場所へと押し上げていくことになります。

・縛られぬ絆

――イルカとの友情

たとえば、高齢になった親を介護施設に入所させた人が、深い罪悪感を味わう、という話をよく耳にします。その一方で、介護疲れによる肉親の痛ましい殺人事件や心中事件は、あとを絶ちません。

引き受けて世話をすることにも、世話はプロに任せて見舞うかたちをとることにも、苦しみがともなうのは、その前提として、切っても切れない愛情があるからで

す。離れて暮らしても、近くで苦労をかけまくられても、切ることのできない絆があるからです。

遠く離れて自由に暮らしながらときどき連絡を取り合い、折に触れて集まる「家族」と、「家の外で暮らすことはゆるさん」とひとつの家に縛りつけられている「家族」では、どちらが強い信頼関係で結ばれているでしょうか。

おそらく、自由に外に出て活動できる人々のほうが、心のつながりは強いのではないかと思います。信頼できるからこそ、自由でいられるのです。信じられなければ、そばで見張っているしかありません。

もし、あなたが過去10年以上の時間のなかで、どこか「信頼できないゆえに、縛られている・縛っている」状態だったなら、この2024年から2026年のなかで、その状況が変わります。「信頼しているから、たがいに自由に生きられる」状態が生まれるのです。そうした絆が結ばれ、実際、かつてより自由に動けるようになるはずです。

かぎりなく自由に生きても、常に信じていられる愛の絆とは、どんなふうに結ばれるのでしょうか。

そのプロセスにはおそらく、さまざまなハードルや努力があるだろうと思います。苦楽をともにしたり、相手の苦境を救い、また相手に苦境を救われたりしながら、コツコツ築いていくお城のようなものなのかもしれません。

2024年から2026年にかけて、あなたとだれかのあいだに結ばれる信頼関係は、そんなにも強くたしかなものです。

もっと言えば、2008年ごろからここに至るまで、あなたが心を砕き、汗を流して乗り越えてきたたくさんの、愛と信頼への過剰な、多様な体験が、2026年からの自由で伸びやかな、「縛り」を必要としない信頼関係を創り出したのです。

それは、「ふってわいたもの」でも「自然に育つ」ものでもありません。あなたの努力によって生み出された、かけがえのない創造物です。

2

1年ごとのメモ

2024年

・「型破り」な旅、学び

2023年後半から2024年5月26日までは、「冒険と学びの季節」です。遠く旅に出る人もいるでしょう。学校など、学びの場に入って精力的に勉強する人もいるでしょう。留学する人、遠征する人も少なくないはずです。

この時期の「学び」は、過去のあなたの「学び」とはその内容も、スタイルも、一線を画すものとなるかもしれません。

というのも、あなたはもともと伝統を大切にし、「王道」を旨とする人です。学び方や旅も、基本を大切にした正当派のスタイルで進めることが多いはずです。ですがこの時期の学びや旅は、ふだんのあなたのルールから大きくはみ出るようなものになりやすいのです。

ふだんの旅が地球上の旅行なら、この時期の旅は宇宙旅行のような様相を呈しています。無重力空間ではこれまでの経験がまったく役に立ちませんし、違う星ではかつて学んだどんな言語も通じません。

こうした「これまでのルール・経験が通用しない」場で、あなたの発想のゆたかさ、創造性の広がりがものを言います。

もとい、「経験が役に立たない」と言っても、蓄積された経験の深い層から立ち上がる「知恵」はじゅうぶん役に立ちます。経験からの自由な応用、機転、いくつかの考え方を組み合わせて新しいアイデアをポップアップさせるような発想力は、当然、最大の武器となります。

ここでのあなたの活動には、すべて「型破り」なところがあります。「型」を知っているからこそ「型破り」が可能になる、という話がありますが、この時期のあなたにはそのことがぴったり当てはまります。

だれよりも「型」をだいじにしてきたあなただからこそ、今それを破ってみることによって、新たにすばらしい世界を創ることができます。

この時期の「冒険旅行」や「新たな学び」は、あなたに「型を破らせる」ためのきっかけなのかもしれません。これまでどおりの世界にとどまっていれば、「型」をそのまま踏襲していくしかありません。ですが、新たな世界に飛び出してしまえば、「型」を破ることによってしか、新たな世界に対応できないのです。

そして、この契機からの「型破り」が、今後のあなたの新しい「型」の起点となるはずです。

・後半から「成功の時間」へ

2024年5月末から2025年6月上旬までは、「成功の時間」です。

別の言い方をすれば「目標達成の時間」「新しいフィールドに立つ時間」「新しい社会的ポジションを得る時間」とも言えます。

冒頭に述べた「外」は主に、2024年前半の「冒険」から後半の「新しいフィールド」を指しています。


キャリアにおいて、新しいステージに上がる人が多いでしょう。

昇進、異動、転勤、転職、独立、起業など、さまざまなかたちで新しいフィールドに立つことになります。

あるいは、たとえば大きなプロジェクトを成功させて注目を浴び、あちこちから引っ張りだこになるとか、あるジャンルで突然「ブレイク」するとか、その道の「第一人者」と認識されるなど、なんらかの「名声」を得る人もいるかもしれません。

経済的な成功を収める人もいるはずです。大きな財を築いたり、力のあるクライアントを得たりと、今後につながる経済的成果を生み出せます。

ただ、この時期は「仕事をしている人だけがステップアップする」というものではありません。たとえば子育てや介護で仕事を離れている人や、もともと収入を得る仕事をしていない人にも、なんらかの「社会的立場の変化」が起こり得ます。

地域コミュニティで重要な役割を任されたり、家のなかや近隣でリーダー的な立場に立ったりすることになるかもしれません。ＰＴＡなどの組織で活躍する人もいるでしょう。

また、「これまで仕事だけに没頭してきたけれど、それをすっぱりやめて、一度家庭生活中心の生き方をしてみたい」といったシフトチェンジをする人もいます。それもまた「新たな社会的立場」です。

大切なのは、こうした変化もまた、自分自身の意志により、ひとつの「目標」として選び取られ、達成されるという点です。

この時期は、周囲から強制されたり、「状況的にやむを得ず、意に反して」自分を犠牲にさせられたり、ということは起こりにくいはずです。

あるいはもし、意に反して社会的立場の変更を選択した場合は、そのすぐあとに「やっぱりやめた！」と、状況をひっくり返すような展開になりがちです。就職してもすぐに辞めてしまったり、一度した宣言を撤回したりすることになるのです。

2024年5月末からの約1年に見つける選択肢には、少々突飛なところがあるかもしれません。ふだんのあなたらしくないところ、不確定なところがたくさん含まれているようです。

これらの新規さ、ユニークさは、2025年以降、どんどん拡大し、花開いていきます。この時期あなたが開く扉は、この先にかつてないような、きわめて自由な世界へとつながっているのです。

・不安の正体が判明する

2012年ごろから、人間関係において漠たる不安を抱えていた人もいるはずです。

人の気持ちが見えなくなったり、つきあいのあった人々が急に遠ざかったり、いつもいっしょにいるパートナーが妙に元気がなかったりと、人との関わりにおいて「心配なこと」が断続的に続いていただろうと思うのです。

そうした「漠たる不安」の正体が、2023年ごろからだんだんとわかってきています。2024年も、かなりその「理解」が進みます。なぜ不安になるのか、その原因を具体的に特定できます。パートナーやその他、関わっている相手の心のありようを、徐々に話し合えるようになります。

これまで「何か自分が悪いことをしたのだろう」「自分に問題があるのだろう」と思っていた人は、そうではないということがわかり、心が軽くなるかもしれません。

問題の根幹となる部分は相手や周囲の環境、そのほか「自分の責任のおよばないところにあった」と気づいたことで、現実的なサポートがしやすくなるかもしれません。結果、状況が大きく好転します。

あるいは逆に、自分自身に原因があったと悟る人もいるでしょう。

無意識に否定的な態度をとり続けてしまっていたり、気持ちの表し方が不適切だったり、自分のなかにある傷や痛みを相手に投影したり、ぶつけたりしていたということが、なんらかのきっかけで判明するかもしれません。「依存が過剰だった」「寄りかかりすぎていた」「背を向けすぎていた」「執着しすぎていた」「支配しすぎていた」等々、関わりにおけるさまざまな「過剰さ・荷重の大きさ」に気づかされる人もいるかもしれません。

こうしたことは悪意のもとに意図的におこなわれるわけではなく、むしろ善意によっておこなわれることも多いので、やはり自覚はしにくいのです。

こうした現象の仕組みに気づいたとき、「原因不明」のころよりもはるかに対処がしやすくなります。

自分自身をケアすること、そのサポートを求めること、みずからを変えること、相手につらい思いをさせていたなら、その思いを汲みながら前に進もうとすること。

2024年はそうしたリカバリの作業に、具体的に着手しやすいときです。なかにはカウンセラーや弁護士など、たしかな専門性を持つ人々の助けを得て、生活が劇的に明るくなっていく、といった体験をする人もいるだろうと思います。

・「隠れた敵」と、みんなで闘う

11月から2025年なかばにかけて、「隠れた敵と闘う」というテーマがクローズアップされます。

このプロセスはもしかすると、前述の「他者との関わり」における変化とシンクロして進むかもしれません。

自分のなかにある痛みや傷、わだかまりから生まれた、いろいろなネガティブなパターンが、あなたの奮闘によって解消されてゆくのです。

一般に「隠れた敵と闘う」プロセスは、第三者からは見えないところで進むのですが、この時期のあなたの世界では、そうではないようです。

今は友だちや仲間との関わり、第三者のサポート、パートナーや身近な人の介入など、「他者」があなた自身の問題に熱く、深く、関わってくれるようなのです。


人の手を借りることができるのは、あなたの心がかつてよりも、オープンになっているからなのかもしれません。

これまでどこか、自分の思いを自分のなかだけに閉じ込めていた人ほど、この時期は他者と思いを分かち合い、理解してもらうことに喜びを感じられるはずです。

ある情念のなかに「密閉」されていた状態だったのが、もはや自由に外に出られるようになっていることが、ここで実感できるだろうと思います。

2025年

・成功と反骨

2024年後半からの「成功の時間」が2025年6月10日まで続いています。

引き続き、社会的立場の変化や「大ブレイク」などが起こりやすいときです。

非常に忙しい時期ですが、これは「人から押しつけられた」ような多忙さではなく、あくまで自分の意志による忙しさだろうと思います。

自分から「勝負をかける」ことを選び、みずからどしどしタスクを積み上げ、ガンガンさばいていく人が多いでしょう。

さらに、夏以降は「もっと自由な働き方をしたい」という思いが強まります。組織の論理やしがらみ、窮屈な内部ルール、非合理な慣習などが、とてもうっとうしく感じられます。

これまでは「そういうものだ」と受け止め、特に疑問もなく受け止めてきたことが、突然受け止めがたく感じられるかもしれません。

「なぜこんなくだらないことに時間を使うのだろう」「どうしてこんな理不尽に耐えなければならないのだろう」という反発、反骨精神が胸にわいてきて、その思いを原動力として「活動の場を変える」「新たなチームを自分で作る」といった方向にアクションを起こすことになるのです。

「人生はこんなものだ」「自分のキャリアはこんなふうになるだろう」「このままで

きるだけ安全に、慎重に進もう」と当たり前のように思い描いてきたヴィジョンを、いきなり「変更」したくなるかもしれません。「もしかしたら、別の道があるかもしれない」というふうに、新しいオプションが視界に入るのです。

あるいは年のなかば、突然環境が変わり、ルートの「変更」を余儀なくされるのかもしれません。「このまままっすぐ進めるはず」と思ったキャリアにおいて、突然「行き止まり」になるような事態が生じるのです。

たとえば、私は過去に、ある連載の仕事を「タスクが重すぎるからやめたいが、どうしたらいいだろう」と悩んでいたところ、その掲載メディア自体が運営終了した、ということがありました。「やめようか、どうしようか」と迷っていた状態が「強制終了」となったのは驚きましたが、そのことが弾みとなって、新しい方向に舵を切りました。

2025年の夏から秋は、こうした外からのインパクトも発生しやすいようです。

２０２５年前半から秋は、ただ目標を達成したり、ポジションを変えたりするにとどまらず、その先に新規な「自由」が見え始める時間です。

「これまでどおり」を守り抜きたいと考えている人には、少々ストレスフルな時間となるかもしれませんが、変化をなんとか受け止め、それに柔軟に対応していくうちに、やがて新しい安定軌道を見つけられるはずです。

・「人」のあたたかさ、客観的視点

２０２４年中はステップアップの最中にも、何かと人間関係に振り回されたり、「人」について気になることが多かったりしたかもしれません。近づこうとしても距離を縮められなかったり、ごく親しい人が不可解な態度を見せたりと、心配事もあったはずです。

その点2025年になると、ふしぎと「人によくしてもらう」「人のあたたかさに包まれる」場面が増えます。特に年明けから6月頭にかけて、人からの愛情を頻繁に受け取れますし、笑顔になれる機会が多いでしょう。

2024年に感じられた他者との距離感やよそよそしさが、2025年に入ると、さまざまな契機を得て徐々に緩和されるのです。

もともと「距離感」が完全に消えていくのは2026年春なのですが、2025年は随所に「雪どけ」が感じられる時間なのです。

2025年6月10日から2026年6月いっぱいまで、「仲間と希望の時間」となっています。新しい仲間ができたり、友だちとの結びつきが深まったり、人脈が広がったりする時間帯です。

たとえば、パートナーとの関係に問題があるけれど、交友関係の広がりのなかで徐々に、自分の抱えている問題を相対化していける、といったことも起こるかもしれません。

自分の問題だけをたったひとりで見つめていると、その問題が非常に大きく、重く感じられるものですが、友だちや仲間の話を聞いて「こういうことは、けっこうどこにでもあるのかもしれない」「人によっていろいろな解決方法があるのだ」など、オープンな知見を得ると、押しつぶされそうな状態から抜け出せたりします。

自分に起こっていることを客観視するのは、だれしも非常にむずかしいことなのですが、この時期は特に「交友関係の広がり」のなかで、新たな視点を得て、自分の問題をひろやかにとらえ直せるようです。友だちや仲間が、そうした客観的視点への手掛かりをくれます。

・新しい夢を見つける

2025年なかばから2026年なかばにかけて、活動の場を大きく変える人も少なくないはずです。

2024年後半から転職や独立の流れのなかにありますが、ここでも「場を変える」ことで得られるものが多いときです。

夢を追いかけて新たな場を求める人もいれば、新たな仲間を得ることで夢に出会う人もいるでしょう。

2024年の秋から2025年春にかけて、「新しい夢を見つけるため、がむしゃらに勝負する」ようなチャレンジをした人もいるかもしれません。その場合、2025年なかばから2026年なかばにかけて、すばらしい成果をつかめます。

2024年秋の段階ではなかなかうまくいかなかったことも、2026年前半までにちゃんと実現するでしょう。

２０２４年後半にたくさんのハードル、障害物、カベにぶつかったとしても、２０２５年春まで自分からむしろガンガンぶつかっていって、突破口を開いたあと、２０２５年後半から２０２６年前半には「突破口の向こう」ですばらしい光に包まれます。

２０２４年の秋には無謀と感じられた夢への挑戦も、２０２６年なかばごろには「選ぶべくして選んだ道だった」と、大満足で振り返ることができるでしょう。

2026年

・前半は「仲間と希望」の時間

2025年6月10日から2026年6月30日まで、「仲間と希望の時間」が続いています。

新しい友に出会い、仲間が増え、人脈が広がります。新たな夢を見つける人もいれば、夢にぐっと近づく人、夢を叶える人も多いでしょう。

この時期は、非常にうれしいことが起こりやすくなっています。「恵み」を感じられる場面、愛を受け取れる場面がたくさんあります。

イルカはある地域では、幸運や愛の象徴とされます。ゆえにアクセサリーやチャームのモチーフとしてよく用いられます。

実は、この時期の純粋な幸福のイメージから、冒頭のイルカというシンボルが浮かび上がりました。受け取れる愛、もたらされる恵みがこの時期、たくさんあるはずなのです。

純粋な喜びを得て、それを周囲と分かち合えます。

楽しいことやおもしろいことをみんなのために企画・実現したところ、いちばん楽しんでいるのは自分だった、といった展開もあるかもしれません。

営利目的ではない、ただ楽しむためのイベントやプロジェクトが、いいかたちで「その先」につながっていきます。

最初は営利目的ではなかったのに、徐々に収益が上がるようになったり、収支がよくなってビジネスへの展開が叶ったり、といったこともありそうです。

ボランティア活動への参加、地域コミュニティでの活動や社会活動への参加などを試みる人も多そうです。

この時期は「世の中」へと視野が広がるときで、さらにそこに個人として「入ってゆく」ことが促されるのです。これまで自分ひとりの生活だけに集中していた人も、この時期はふしぎと「まわりを見渡す」余裕が出てくるかもしれません。

あるいは、新たな友や仲間との会話が、あなたの興味関心を新しい方向へと導くことになるのかもしれません。

・後半は「救い」の時間

2026年7月から2027年前半は「救いの時間」です。

あなたがだれかを救うのかもしれません。

あるいは、あなたがだれかに救われるのかもしれません。

「救い」は意外なかたちで訪れます。

救われた瞬間まで、「自分は今まで苦しんでいたのだ」ということに気づかないケースもあります。


この時期は、だれかから差し伸べられた手を「取るかどうか」が分岐点となるかもしれません。

「人に迷惑をかけたくない」と遠慮する人、「人の世話になりたくない」というプライドを捨てられず、差し伸べられた手に背を向ける人もいるでしょう。

その一方で、さまざまな心のハードルを超えて、相手の手を取る勇気を持てる人もいるだろうと思います。そこで、長いあいだの慢性的な悩み、苦しみが消えていきます。

「助けてあげる」ことよりも、「助けてもらう」ことのほうが、もしかすると、はるかにむずかしいことなのかもしれません。

たとえば「上手にお金を借りる」のは、徳の高いことです。

というのも、一般に借金は「よくないこと」とされていますが、それは「きちんと返し、その上で、良好な関係性を維持する」ことが非常にむずかしいからです。

もし人からお金を借りた上で、その人との人間関係を大切にし、時間がかかってもつながりを保ちながらきちんと返すことができれば、その人は借りる前よりも大きな信頼を勝ち得るでしょう。

「上手にお金を借りる」というのは、口先で人をだましてお金をとり、踏み倒すようなことではありません。

お金を借りて返すことで関係に継続性が生まれ、信用が増す、というのは、ビジネスの世界では当たり前のことです。個人のあいだでも、それは成り立ちます。

この時期は、たとえばそうしたことを深く学べるかもしれません。

あなたがだれかを助けたとき、相手の「助けられ方」に感動し、心打たれるようなことがあるでしょう。

あるいはあなたがだれかに助けられたとき、「人間として、何を大切にすべきか」を深く考え、それを実行できるのかもしれません。

助けたり助けられたりしたことは、心を尽くせば、それが強く深い信頼関係の土台となります。

救った記憶、救われた記憶こそが、真の友情や愛の源泉なのです。

2026年後半からの1年のなかで、「恩返し」を受ける人もいるでしょう。

これまでさまざまな人にやさしくしてきたこと、ケアしてきたこと、サポートしてきたことが、何倍にもなって返ってきます。

乙女座の人々はもともと、とても面倒見がいいのですが、「なんでもないよ」「当たり前だよ」という顔をして世話をしてあげるため、その努力が相手の記憶に残らないこともよくあります。

ですがこのタイミングでは「相手が恩義を忘れていたのではなかった」ということがわかり、救われる思いがするかもしれません。

過去の無償の献身が報われ、深い深い喜びを感じられるでしょう。

・自由な生き方の模索

4月末以降、社会的立場が大きな変革期に入ります。

すでに2025年にその兆候が感じられ、もうそうした世界に足を踏み入れている人も少なくないかもしれません。

ここから2033年ごろにかけて、あなたのキャリアは、かぎりなく「自由」な環境で展開します。

独立独歩、新しい生き方を目指す人が少なくないでしょう。

あるいは前例のないような仕事に挑んだり、時代の最先端を行くような事業を興したりする人もいるかもしれません。

また、皆がびっくりするような新機軸を打ち出し、業界の流れを一変させたり、「ゲームチェンジャー」のような役割を果たしたりする人もいるかもしれません。

ここから7年ほどのなかで、旧態依然とした組織や古いシステム、伝統的なヒエラルキーから飛び出していくことになります。

あるいは、内部から古いシステムを破壊し、新しい仕組みを打ち立てていく人もいるだろうと思います。

都会のオフィスビルで会社員をしていた人が、突然地方に移住して農業や漁業を始める、といった選択も考えられます。

今では「脱サラ」という言葉はほとんど聞かなくなりましたが、安定を求めて働いていた人が、不安定だけれども自由で創造的な仕事に飛び込んでいく、といった展開は、ここからの星の動きにぴったり当てはまります。

早期退職をして新しいことを始める人もいれば、宇宙旅行のような壮大な夢を見て、現実のなかでチャレンジし始める人もいるだろうと思います。

こうした変化はもちろん、2026年だけで完結するわけではありません。

2026年から2033年までの長丁場で、試行錯誤を重ねながら実現できる「自由」です。

・2027年の「スタート」に向けた「準備期間」

少々フライングですが、2027年後半からの1年は、乙女座の人々にとって「約12年に一度の、人生の一大ターニングポイント」です。12年サイクルのスタートライン、大いなる「始まり」の節目が置かれているのです。

その直前の2026年は、いわば新しいスタートのための「準備期間」と位置づけることもできます。

特に、新たに何かを始めるにあたり、整理しておかなければならないこと、区切りをつけなければならないことが、いろいろあるのかもしれません。

少し先の「スタート」の前に、会っておくべき人はいないでしょうか。相談しておくべき相手がいたり、けりをつけておくべき懸案事項があったりするのかもしれません。

処分しておくべきものもあれば、新たに手に入れなければならないアイテムもあるでしょう。

資金の調達が必要なのかもしれませんし、貸し借りを「精算」しておかなければならないのかもしれません。

人によって「準備」の内容はさまざまですが、特にここでは「心のつながり」を大切にすべきであるようです。

だれが自分を心配してくれていて、だれが自分を気にかけてくれているか。あとで「なんで私にひと言も話してくれなかったの？」と悲しみそうな人はいないか。

そうしたことを考えたとき、2027年に待っている「スタート」が、新しい意味を持って見えてくるかもしれません。

・人間関係における「距離」が消える

２０１２年ごろからの「人間関係への漠たる不安」、そして２０２３年からの「他者への距離」が、２０２６年2月前半までに解決します。

ここ数年、孤独感や疎外感に苛まれていた人も、２０２６年春には「雪どけ」「春」を感じられるでしょう。

人のぬくもりを感じ、心を開いて関わり、たしかな信頼関係のなかで日々を営む喜びに包まれます。

これまであなたが「その人」に対し、あきらめずに働きかけてきたことが、想像以上の喜びをもって報われます。

相手が応えてくれますし、あなたを大きく、包み込むように受け入れてくれるでしょう。

これまで「ひとりぼっちだ」と感じていた人も、２０２６年以降、「ひとりではない」と思わせてくれるだれかに巡り会えるかもしれません。

3

テーマ別の占い

愛について

誤解を恐れずに書くならば、２０２４年から２０２６年、乙女座の愛は段階的に「正常化」していきます。

「正常化」するということは、これまでが「異常」だったのか？　ということになりますが、ある見地に立てば、そうだったのです。

２００８年ごろから今に至るまで、愛の煉獄を通り抜けてきた人もいれば、２０１２年ごろから愛の迷路でもがき続けた人もいるでしょう。２００８年以降のどこかから執着の鎖《くさり》を抜け出せずに苦しんだ人もいれば、2012年以降のどこか以降、涙の国でひとりぼっちになった人もいるかもしれません。

これらの体験は決して、「悪いこと」だったとは言えません。

なぜなら、本物の恋情、愛情の世界では、燃えるような愛の痛みを感じ、迷路にはまり、鎖に縛られ、涙を流すものだからです。本当の愛にはそうしたものがかならずあるわけですが、過去10年以上にわたり、乙女座の世界ではそのことが強すぎるほどに強調されていたのです。

ありえないほど熱く、かぎりなく深く、あなたは愛と「関わり」の道をさまよい続けてきたのだろうと思います。

そしてその、「生まれ変わり」を強制されるような激しい体験こそが、ここから先の切っても切れない愛の絆の土台となるのです。

2008年ごろから今に至るまでの乙女座の愛は、「懐胎」したような状態にありました。非日常のなかでだれにも理解できないプロセスを踏んで、この3年でやっと、胎外に「誕生」する、というイメージです。

人間の寿命が１５０歳以上になるようなことがあれば別ですが、あなたが生きているあいだに、同じ星の巡りになることはありません。

ある意味において特異的な愛の時間を生きて、その時間を抜け出し、愛によって生まれ変わった自分として、より伸びやかに愛を生きられるようになるのが、２０２６年なのです。

・パートナーがいる人

２０１２年ごろからモヤモヤとした問題を抱え続けてきた人も少なくないでしょう。

相手のことがよくわからなくなったり、おたがいに言えないことが増えたり、心配事や不安を、分かち合えなくなったりしていたかもしれません。

あるいは、相手が人生の岐路に立ち、迷いの靄《もや》に包まれているのを見て、なんとかサポートしようとしつつもなかなか決定打がない、という状況が続いてきた人もいるかもしれません。

2022年ごろに一度、そのモヤモヤの「出口」が見えたのではないでしょうか。そして2023年頭ごろ、やっと出口にたどり着いたと思ったら、そこから長く冷たい、固い階段が伸びているのを見て「これを上っていかなければならないのか！」と、呆然とした人もいるだろうと思います。

これまでの「モヤモヤ」の正体が、どうやら現実的な問題として理解できてきたのですが、その問題を現実的に解決するには、たくさんのステップや粘り強い対応が必要だということも、見えてきたのです。

あるいは、相手と自分のあいだになんらかの距離が生まれ、その隔たりのなかでおたがいの関係を見つめ直す時間をすごしている人もいるでしょう。
たとえば「別居して、関係が改善していく」ようなプロセスのなかにある人もいるかもしれません。あるいは、居場所や生活に変化はなくとも、「あれこれ口出しするのをやめよう」とか「少し静観してみよう」など、アプローチの方法を変えた人もいるだろうと思います。

こうした距離感、現実の「カベ」のようなものにじっくりと向き合ううち、そのカベが徐々に消えていきます。２０２５年から２０２６年頭にかけて、距離やカベは完全に消え去ります。２０１２年ごろからのモヤモヤも、悩みも、すべて解決するか、あるいはまったく別なかたちに昇華していくのが２０２６年頭です。

あるいは２０２４年から２０２６年、パートナーに真剣な変化が起こる可能性もあります。

好きなものを我慢してストレスをためるくらいなら、無理をしないでほしいのです。ストレスってすごいな、と改めて思います。気がつかないうちに体をむしばみます。そして渦中にいるときは、ストレスを感じていることを自覚できない。私自身、仕事を辞めて驚きました。息ができる。なんだか呼吸がラク。

『新しい体を作る料理』たかせさと美著　すみれ書房

たとえば、これまで無責任だったパートナーが突然、責任感に目覚め始めるかもしれません。コミュニケーションや人間関係全般に問題を抱えていた相手が、だんだんと自分の問題を自覚し、問題解決に取り組み始める可能性もあります。

今まで「反省する、変わる」と言いながら結局変わることのなかった相手が、この時期は本当に「変わる」可能性があります。

とはいえ、こうした変化は、あなたの指示や要請、アドバイスに「したがう」かたちで起こるわけではないようです。

むしろ、あなたと相手のあいだに生まれた目に見えない「距離」が、相手に変化を促すということなのかもしれません。

また、こうした深い精神的変容は、相手だけではなく、あなた自身に起こる可能性もあります。

責任感、自立心、みずからを省みる姿勢、簡単には変えられないことを変える意志と勇気。

そうしたものがあなたのなかに、新たなかたちで芽生え、あなたを変え、さらにあなたとパートナーの関係を「再生」させることになるのかもしれません。


これまでパートナーシップに関して、なんの問題も、悩みもなかった、という人ももちろん、いるはずです。

その場合も、2026年前半を境に、ふしぎな爽快感、解放感を得られるのではないかと思います。

もっと相手のことがよくわかるようになったり、愛情表現がとても素直な、ストレートなものへと変わったりするかもしれません。

また、ふたりのあいだにあったある種のガマンや拒否が「解除」されるような変化も起こりそうです。

２０２５年前半は特に、パートナーと深く向き合う機会を得られるでしょう。さらに２０２５年12月なかばから２０２６年４月上旬も、パートナーシップが「動く」時期です。この時期に非常に重要な対話を重ね、新たな愛の絆が結ばれたことをたしかめ合えるはずです。

・恋人、パートナーを探している人

これまでも出会いを探してきたのに、なぜか出会えなかった、という人は、２０２５年３月末以降、あなたと「その人」を隔てていた靄が晴れ始めるかもしれません。

だんだんと出会いの可能性が現実的に感じられるようになり、２０２６年２月以降は靄が完全に晴れて、他者の姿がよく見えるようになります。

また、これまで、別の対象への愛が真剣な恋愛への道をふさいでいた、という人もいるだろうと思います。たとえば「推し活」を優先しがちだったり、ペットやほかの何かに愛を注ぎ続けていたりして、そのぶん、パートナーとなるべき人に心を開くことがおろそかになっている、という人は少なくないのです。

「長く恋人ができない」という悩みを持つ人のなかには、何かしらほかに「溺愛」するものがある、というケースがあります。

その場合、2024年11月までにはそうした「出会いを妨げる愛」が軽減されます。ほかの存在に集中していた愛がほぐれ、気持ちのバランスが変わり始めることで、出会いへの道が開かれるのです。

2008年以降、あるいは2012年以降、愛やパートナーシップに関してさまざまな幻想や思い込みにとらわれ、ある意味において自分の強い想念に「閉じ込められた」ような状態になっていた人もいるはずです。

そうした「閉じ込め」状態が、この3年で段階的に解除されていきます。心が開かれ、自分で創り出したイマジネーションや衝動の「外側」に出られるようになり、そこではじめて現実の、「生身の人間」に遭遇できます。

生身の人間が目の前にいても、その人自身を見つめているか、幻想を投影しているかで、関わりのかたちは変わります。

これまで「人を見ている」ようで、実はなんらかのイマジネーションを見つめているような状態だった人は、そのイマジネーションのヴェールを取り払って、生身の人間の息吹を感じられるようになります。

特に2024年前半、11月なかばから12月頭、2025年1月から4月、12月から2026年4月上旬、7月などに、出会いを見つけやすいはずです。

また、2024年9月なかば、2025年3月なかば、9月、2026年3月、8月末などは、ふしぎな縁が結ばれやすいタイミングとなっています。

・片思い中の人

この3年は、長いあいだの「靄が晴れてゆく」時間です。

2008年ごろから、あるいは2012年以降、片思いを続けている人にとっては、「夜が明ける」ような時間となっています。

ダイレクトに「片思いのつらさ」を象徴するような星が抜けていくので、2026年2月までには、なんらかのかたちで「つらい片思い状態」が解消されるはずです。

特に2024年から2025年は「現実と向き合える」時間でもあります。漠然とあこがれる状態、あるいは心のなかに閉じ込めた思いに縛られたような状態を解除すべく、ごく現実的なアクションを起こせそうです。

2026年になると、「片思いにならざるを得ない理由」自体が消えていきます。

ゆえに、現実的な恋愛の世界に大きく踏み出せるでしょう。

また、幻想を相手に投影して「恋に恋する」ような状態だった人、あるいは深い情念に縛りつけられて身動きがとれなかった人、何より「この状態を抜け出すのが怖い」という無意識の恐怖心から片思いを続けてきてしまった人は、そうしたイマジネーションや「閉じ込め」状態が、この3年のなかで徐々に消えていきます。「自分の気持ちは、生身の人間への現実的な恋ではなかった」ということが判明し、世界が一変する、といったことも起こっておかしくないのです。

・愛の問題を抱えている人

早ければ2024年の終わり、遅くとも2026年2月には、問題が解決するでしょう。特に慢性化している問題、2008年ごろからの問題や2012年ごろからの問題は、この3年が終わるころには完全に解消しているはずです。

なかには憑き物が落ちるように、突然「今まで悩んでいたのは、なんだったんだろう？」という状態になる人もいるかもしれません。

これまでまるで、呪いにかかるか、愛の悪魔に取り憑かれたような状態だった、と気づく人もいるでしょう。

２０２４年からの３年は、「愛の呪いが解ける」ときなのです。

もちろんこの「呪い」は、外部からもたらされたものというわけではなく、あなたの内なる悲しみや痛み、傷や孤独、焦燥、生命力などが、まるで「暴発」するようにして生まれていたものでした。

たとえば、傷を負って発熱するように、心のなかにあるなんらかの問題が、ここまでの愛の激しい問題の源泉となっていたのです。

それほどの愛の問題を生きなければふさがらない、あなたのなかの「心の傷」があったのだろうと思います。

ここまでのあなたの努力と苦悩を経て、今、傷がふさがろうとしています。結果、熱も収まり、心全体が快癒しつつあるのです。

愛の問題を生き抜いてきたことで、今、あなたには現実的な「人を愛する力」「人を信頼する力」が身につきつつあります。その力をもって、2026年以降、より心安らかであたたかな、穏やかな愛の関係を築いていけるはずです。

仕事、勉強、お金について

・大成功、ワーカホリック

この「3年」は、「仕事の3年」と言っても過言ではありません。

とにかく忙しいでしょうし、やりたいことが山積みになっているはずです。

これまで、人から押しつけられた仕事に呻吟《しんぎん》してきたり、期待に応えるためにがんばり続けてきたりした人も、ここから一転して「本当にやりたいこと」に注力できるようになります。

これまで担っていた大きな任務を捨てて、よりクリエイティブな場に立つことを選ぶ人も少なくないだろうと思います。

すでに2023年、「背負いたくないのに背負っていた荷物」を手放した人もいるでしょう。そして同じく2023年なかばごろから、だんだんに「本当に背負いたいもの」を背負い始めてきたかもしれません。その流れが2024年以降、さらに本格化します。「これがやりたいのだ!」と思える役割、任務を、自分の手で創造できる時間に入るのです。

過去12年ほどの流れのなかで、キャリアの「頂点」に至るのが2024年なかばから2025年なかばの1年です。

冒頭から「大成功」のようなかなり強い言葉で表現してきましたが、まさにここは「成功」の時間帯です。

さらに2025年なかばから2033年ごろまでの期間は、もうひとまわりスケールの大きな「ブレイク」の時間となります。文字どおり、大ブレイクを果たす人もいるはずです。

この3年のなかで、長年の夢を叶える人もいるでしょう。あるいは「ガマンしてやる仕事」から「本気でやりたい仕事」へとシフトチェンジを遂げ、仕事が一気に楽しくなる人も多いだろうと思います。「これこそが、自分の目指していたポジションだ」と思える場所に立ち、あらゆる意味で活動の自由度が増します。

この時期の「成功」は、一時的なものではありません。「その先」にいくつもの新展開が待っている、長期的成功の「入り口」が、この3年なのです。

やりたいことをやるとなれば、あなたは「手加減なし」の人です。仕事に熱中し、没頭し、寝食を忘れるほどになるかもしれません。

また、2025年なかば以降は「結果」がついてきます。創造した仕事が社会に受け入れられ、スポットライトを浴びるようになるのです。こうなると、仕事はさらに、おもしろくてしかたがなくなります。

ゆえに、この時期は「ワーカホリック」になりやすいのです。

ここからの「成功」は数年以上かかる長丁場であることを認識し、長く走り続けられる環境を整えることは、とても重要です。

生活のリズムを整え、ルーティンを決め、心身のケアをし、身近な人とコミュニケーションを取り合いながら暮らしていくことが、仕事の成功の「土台」です。健康や心身の心地よさを常に意識し、「できる範囲でがんばる」ことを、いつも心がけていただきたいと思います。

この3年のなかで、特にキャリアが急激に動きそうなのは、2024年5月から9月、2025年6月下旬から7月、2026年4月下旬から5月、6月下旬から

8月上旬です。また、かなり忙しくなりそうなのは２０２４年1月から3月、２０２６年1月なかばから3月頭です。

・学びについて

２０２３年後半から２０２４年前半は、ぐんぐん学べる時間です。留学したり、学校に通ったりと、本格的に成長できます。

またこの時期、専門分野において新境地を切り開く人も少なくないでしょう。

２０１８年ごろから新しいことを学び始めた人、これまでとは違った勉強法を模索していた人は、その「着地点」を見いだせそうです。いろいろなことを試し、あらゆる可能性を探ったなかで「これだ！」というものを見つけ、今後の方針とできるようです。

学ぶことに孤独感を感じていた人、新しい知を得るほどに周囲から阻害されるような気持ちでいた人は、この3年のあいだに、「同士」を見つけられそうです。ともに学べる仲間、刺激し合いながらいっしょに成長できる友を見いだし、新しい気持ちで楽しく勉強できるようになるはずです。

研究活動や取材活動、発信活動などに取り組んでいる人には、2024年は大きな飛躍の時間となっています。「結果が出る」ときなのです。

特に2018年ごろからの取り組みが、大きく花開きます。これまで注目されないままコツコツ積み重ねてきたことに、いきなり強いスポットライトが当たる、といった展開も大いに考えられるときです。

・お金について

この3年を進んでゆくにしたがって、「他力」から「自力」へと軸足がシフトしていくでしょう。人に頼っていた部分、人から受け取っていたものが一時的に制限され始め、その一方で、自分自身で手に入れる力・稼ぐ力が強化されてゆくのです。自分で稼いではいない、という人も、マネジメント能力が高まったり、貯金が増えたりするでしょう。

特に2026年は、あなた自身の経済力が一気に向上する時間となっています。

2023年まで、「人からいろいろ話がもらえる」「黙っていてもいい案件・オファーが寄せられる」ような状態だったなら、2025年から2026年は一転「目新しいものが、なかなかこない」ような状況に立ち至るかもしれません。

ですがこの状況は、あくまで一時的なものです。

遅くとも2028年ごろには、「向こうから目新しいものがこない」状況は終了するでしょう。

重要なのは、「目新しいものがこない」あいだに何をするか、ということです。

自分から仕事や作業を創造し、企画することもできるでしょう。「目新しいもの」がこなくても、継続的なもの、わずかに寄せられるものはあるはずです。

とにかく「あるもの」に注力し、「ないもの」のことは度外視する、というのもいい方針だと思います。


この時期はふしぎなことに「人からいろいろオファーがくる」ようなことがないにもかかわらず、経済的な状況は暗転しません。少なくとも自分自身で動いているうちは、収支はよくなっていくのです。

「人をアテにする・頼る」ことができないなかで、「自分にできることをやる」という方針、意欲を維持できていれば、状況は着実に強く、明るくなります。

地道な努力が報われるのが、2026年8月から9月上旬、そして10月末から12月頭です。この時期は「自分の力」を深く信じられるようになるでしょう。自分自身の努力の成果を、大収穫できるタイミングとなっています。

家族、居場所について

この時期は、あなた自身もさることながら、家族みんなの目も「外」に向かっているかもしれません。

家族一人ひとりが外に出て活躍しており、家のなかでみんなで集まるような時間は、少なくなる気配があります。

「みんなでいる」ことを大切にしている人にとっては、少々さみしい場面もあるかもしれません。

とはいえ何より、あなた自身が「外に出て活動する」時間が圧倒的に増えるため、

「さみしい」思いをしているのは家族のほうなのではないかと思います。

ゆえに、この3年のなかでは意識的に「みんなですごす時間」を作ってゆく必要がありそうです。

2022年後半から2023年3月までの状況を振り返ると、「忙しくても家庭運営に意識を向けることの大切さ」を実感できそうです。あるいは、そのころに失敗したこと、役に立ったことなどが、この3年の家庭運営において、大いに役立つ知恵となるでしょう。

なかには、家族と関わることや家庭を運営すること、家庭を持つこと自体が、この「3年」の主要なミッションとなる人もいるようです。

家族の中心に立ち、みんなをまとめ、幸福な生活に導くことを、一大プロジェクトとしてとらえる人もいるでしょう。

こうした挑戦は、大成功するはずです。

ただ、そこでも家庭という空間を外界に対して「閉じる」ことなく、世の中に対して大きく窓を開いておくことが重要です。


この時期、身内のケアのタスクを抱え込みすぎたり、「理想の生活」のイメージにとらわれたりすると、非常に危険です。

「自分がやらなければ」という思いに駆り立てられ、周囲のニーズを満たすことに全力を注いだ結果、自分の生活が完全に犠牲になったり、心身のコンディションを崩したりする可能性があります。

人のために一生懸命になるのは決して悪いことではありませんが、まず「自分自身のコンディション」を最優先にし、その次に人のケアをする、という順番を守ることが大切です。「自己犠牲」の美しいイメージに心をからめ取られないよう、気をつけたいところです。

２０２４年11月から２０２５年年明け、２０２５年10月末から２０２６年年明けは、家族とじっくり語り合い、向き合えるときです。長く離れている故郷に、久々に帰省し、大切な話をする人も多そうです。

この3年で悩んだときは――「世界の広さ」について

この3年のなかであなたが悩むことがあるとすれば、それは「甘えられないワーカホリック」な状態にあるときかもしれません。

人に甘えたり頼ったりすることができない、と思える状況なのに、やるべきことが山ほどあって、とにかく忙しいのです。

または、「甘えたり頼ったりできない」のは、自分自身が甘えられ、頼られているからなのかもしれません。

「助けて」と言えない状態、あるいは「助けて」と言っても助けてもらえない状態で、忙しさに押しつぶされそうになると、人の心は簡単に折れます。

世の中には「甘えてもいいんだよ」というメッセージがあふれています。「ダメだと思ったら、すぐに逃げて！」「ひとりで抱え込まないで」「信頼できる相手に相談しましょう」「まわりを頼りましょう」などの「アドバイス」を、本当によく見かけます。

ですが、当事者の多くは「もしそれができるなら、とっくの昔にやっている」と感じているのではないかと思うのです。

相談したくても心当たりはなく、抱え込みたくなくても次から次へとやらなければならないことが押し寄せていて、逃げたくても逃げられない。だからこそ苦しく、つらいのです。

そもそも、だれかに相談する時間や、相談できる相手を探す時間がない、という人もいます。

大変な状況に陥ると、人は視野が狭くなり「探してもどうせ見つからない」「相談しても門前払いされるに決まっている」「一度相談したけれど、なんの解決にもならなかった」など、ネガティブなあきらめに心をからめ取られるのです。

自分の抱えている問題に、恥ずかしさを感じる人もいます。

「こんなことはだれにも言えない」と心のなかに苦しさを閉じ込め、絶対に「声を上げる」ことをしない人がいます。そうした態度を「ガマン強い、自己犠牲の鏡」と讃える向きもありますが、その結果、倒れてしまったとしても、だれも責任はとってくれません。

この3年のなかで、あなたがそんなふうに追い詰められることがあったら、「世界の広さ」を思い出してほしいと思います。

というのも、この3年は「外に開かれた」時間だからです。外部との交流のなかで救われる時間なのです。

一般に、苦しみのなかでは、人の心はどんどん狭く閉じていきます。そして、袋小路に入ったようになり、「どこにも出口がない」と信じてしまうようになります。

ですが、実際は、そうではありません。

たくさんの窓口があり、どこかに交渉できる相手がいます。

困った人を助ける専門家がいます。

ひとつがダメでも、ほかならいけるかもしれません。

ひとりではダメでも、だれかといっしょに行けば話が通ることもあります。

身内が頼りにならなければ、他人を探してみるしかありません。この3年、出口は常に「外」にあります。

節分に「鬼は外、福は内」と唱えますが、この3年は、おそらく逆です。

内なる世界に鬼が現れたら、扉を外側に開き、自分も外に出てみるのです。あなたに続いて鬼も出てきたら、鬼が別の存在に変わります。おそらく、生身の人間、対話が可能な人間に変わるのです。

大海原のど真ん中では、だれに助けを求めることもできません。でも、海中には、その分野の専門家が自由に泳ぎ回っています。

この3年のなかで、あなたを助けてくれるイルカが、かならず現れます。

決して絶望する必要はありません。

4

3年間の星の動き

2024年から2026年の星の動き

星占いにおける「星」は、「時計の針」です。

12星座という「時計の文字盤」を、「時計の針」である太陽系の星々、すなわち太陽、月、地球を除く7個の惑星と冥王星（準惑星です）が進んでいくのです。

ふつうの時計に長針や短針、秒針があるように、星の時計の「針」である星たちも、いろいろな速さで進みます。

星の時計でいちばん速く動く針は、月です。月は1カ月弱で、星の時計の文字盤である12星座をひと巡りします。ですから、毎日の占いを読むには大変便利ですが、本書であつかう「3年」といった長い時間を読むには不便です。

年単位の占いをするときまず、注目する星は、木星です。木星はひとつの星座に1年ほど滞在し、12星座を約12年でまわってくれるので、年間占いをするのには大変便利です。

さらに、ひとつの星座に約2年半滞在する土星も、役に立ちます。土星はおよそ29年ほどで12星座を巡ります。

もっと長い「時代」を読むときには、天王星・海王星・冥王星を持ち出します。

本書の冒頭からお話ししてきた内容は、まさにこれらの星を読んだものですが、本章では、木星・土星・天王星・海王星・冥王星の動きから「どのように星を読んだのか」を解説してみたいと思います。

木星：1年ほど続く「拡大と成長」のテーマ
土星：2年半ほど続く「努力と研鑽」のテーマ
天王星：6～7年ほどにわたる「自由への改革」のプロセス
海王星：10年以上にわたる「理想と夢、名誉」のあり方
冥王星：さらにロングスパンでの「力、破壊と再生」の体験

2024年から2026年の「3年」は、実はとても特別な時間となっています。というのも、長期にわたってひとつの星座に滞在する天王星・海王星・冥王星の3星が、そろって次の星座へと進むタイミングだからです。

天王星は2018年ごろ、海王星は2012年ごろ、冥王星は2008年ごろ、それぞれ前回の移動を果たしました。この「3年」での移動は、「それ以来」の動きということになります。

たとえば、前々回天王星が牡羊座入りした2011年は東日本大震災が、冥王星が山羊座入りした2008年はリーマン・ショックが起こるなど、長期的な時間を刻む星々が「動く」ときは、世界中が注目するようなビビッドな出来事が起こりやすいというイメージもあります。

もちろん、これは「星の影響で地上にそうした大きな出来事が引き起こされる」ということではなく、ただ私たち人間の「心」が、地上の動きと星の動きのあいだに、そのような象徴的照応を「読み取ってしまう」ということなのだと思います。

とはいえ、私がこの稿を執筆している2022年の終わりは、世界中が戦争の緊張に心を奪われ、多くの国がナショナリズム的方向性を選択しつつある流れのなかにあります。また、洪水や干ばつ、広範囲の山火事を引き起こす異常気象に、世界の多くのエリアが震撼する状況が、静かにエスカレートしている、という気配も感じられます。

この先、世界が変わるような転機が訪れるとして、それはどんなものになるのか。

具体的に「予言」するようなことは、私にはとてもできませんが、長期的な「時代」を司る星々が象徴する世界観と、その動きのイメージを、簡単にではありますが以下に、ご紹介したいと思います。

ちなみに、「3年」を考える上でもっとも便利な単位のサイクルを刻む木星と土星については、巻末に図を掲載しました。過去と未来を約12年単位、あるいは約30年スパンで見渡したいようなとき、この図がご参考になるはずです。

・海王星と土星のランデヴー

2023年から土星が魚座に入り、海王星と同座しています。2星はこのままよりそうようにして、2025年に牡羊座に足を踏み入れ、一度魚座にそろって戻ったあと、2026年2月には牡羊座への移動を完了します。

魚座は海王星の「自宅」であり、とても強い状態となっています。海王星は20

12年ごろからここに滞在していたため、2025年は「魚座海王星時代、終幕の年」と位置づけられるのです。

乙女座から見て、魚座は「パートナーシップ、人間関係、交渉、対立、契約、結婚」などを象徴する場所です。

冒頭の「イルカ」は、この配置をイメージしたものでした。

海王星は幻想的で不可解な星、土星は距離と抑制の星で、どちらも「簡単にはわからない」星です。ただ、海王星は救済や犠牲を、土星は責任を象徴する星でもあり、わかりにくいけれどもなんらかの善意や希望が含まれた人間関係を感じさせる配置でもあるのです。

イルカは人間から非常に距離（土星）がある存在ですが、古来、イルカに人間が救われた（海王星）話や、昨今ではイルカと泳ぐセラピー（海王星）などもあると聞きます。

最初からわかり合えるわけではないけれど、わかり合い、場合によっては救いをくれるような存在が、2024年から2026年頭の乙女座の人間関係の主役なのです。

2025年、土星と木星は、乙女座から見て「他者の財、パートナーの経済状態、性、遺伝、継承、贈与、経済的な人間関係」をあつかう場所へと歩を進めます。完全に移動を終えるのは2026年頭ですが、2025年なかばから移動が始まります。

2025年なかばごろから、人間関係における「わからない」「遠い」感覚は徐々に消え、わかり合う喜びや救い合う喜びを味わえるようになります。

一方、2026年以降は経済活動において「他者をアテにできなくなる」感じがあるかもしれません。

人からもたらされるもの、「恵み」、ギフトのようなものが制限されるのです。といっても、この「制限」は2、3年後に解除されます。

たとえば、前述のようにパートナーの経済状態が少々鈍くなり、あなた自身が経済的な「稼ぎ頭」となるような展開もあるかもしれませんが、2、3年後にはパートナーの経済状態も向上し、結果的に「二馬力」がより大きなものになる、といった流れが考えられるのです。

全体に、他者との関わり、他者から得られるものなどが「遠ざかる」ことで、自分自身の声がよく聞こえるようになるのかもしれません。

これは、自立を促すというよりは、内省や自己の成長のきっかけとなるはずです。この時期あなたのなかに育つのは、自立する強さや生活力ではなく、やさしさや包容力のほうではないかという気もするのです。他者への受容力、理解力の高さはあなたのもともとの才能ですが、そのポテンシャルがさらに鍛えられ、磨かれ、奥行き深くバージョンアップしていくはずです。

・木星と天王星、発展と成長のルート

成長と拡大と幸福の星・木星は、この3年をかけて、牡牛座から獅子座までを移動します。

特徴的なのは、この時期天王星も、木星を追いかけるようにして牡牛座から双子座へと移動する点です。天王星が牡牛座入りしたのは2018年ごろ、2024年に入る段階では、木星とこの天王星が牡牛座で同座しています。2025年、木星は6月上旬まで双子座に滞在します。追って7月7日、天王星が双子座へと入宮するのです。

天王星と木星の共通点は、両者が自由の星であり、「ここではない、どこか」へと移動していく星であるということです。何か新しいものや広い世界を求めて、楽天的にどんどん移動していこう、変えていこうとするのが2星に共通する傾向です。

2星には違いもあります。

木星は拡大と成長の星で、膨張の星でもあります。物事をふくらませ、袋のようにぽんぽんいろんなものをなかに入れていくことができる、ゆたかさの星です。一方の天王星は、「分離・分解」をあつかいます。「改革」の星でもある天王星は、古いものや余計なものを切り離していく力を象徴するのです。天王星が「離れる」星なら、木星は「容れる」星です。

2024年前半、木星と天王星は乙女座から見て「冒険、学問、高等教育、遠方への旅や移動、専門分野、親戚縁者、宗教、理想」をあつかう場所に同座していきます。

2023年なかばから2024年前半にかけて、遠出する機会が増えます。また、親戚縁者と意外な交流を結ぶ場面もあるかもしれません。ふだん遠く感じているものが、一気に近くに感じられるときです。

この時期の「遠出」は、社会的に外に出る動きでもあります。もっと広く高い場所、重みのあるポジション、多くの人と関わるような世界へ入る、その「ゲート」のような意味を持っています。

2024年なかばから2025年なかば、木星は「社会的立場、キャリア、仕事、目標、成功」へと移動します。

2024年前半までの「遠出」でくぐったゲートの先が、この場所です。この1年は大いにステップアップできますし、夢を叶えることができるときでもあります。特に、独立や起業などの夢、そして結婚などをきっかけに社会的立場を変える夢は、実現しやすいでしょう。

とはいえここでの「夢を叶える」流れは、あくまで「目標達成」です。目標を明確に掲げてがんばってきた人ほど、「達成」の可能性が高まります。

一方、掲げたとおりの目標をただ達成する、ということにはとどまらないかもしれません。というのも、この2024年から2025年の木星のルートには、前述の天王星が微妙に「ついてくる」からです。

天王星は意外性と突発性の星で、時代の最先端を行く星でもあります。目標を掲げたころには知らなかったこと、まだ世の中に存在しなかった条件などが、達成のタイミングからそれ以降、絡みついてくるのです。

たとえば、この時期以降にあなたが名刺に刻む肩書きは、これまでだれも見たことのないようなものなのかもしれません。「今どんなお仕事を？」と聞かれても、ひと言では説明できないような活動に飛び込んでいく人も多いはずです。

2025年なかば、木星はあなたにとって「友だち、仲間、希望、夢、未来、自由、フラットなネットワーク、個人としての社会参加」の場所に移動します。

仲間が増え、友だちが増え、人脈が一気に広がる時期です。

この時期の「交友関係の広がり」は、ある集団に入っていくようなかたちではなく、一対一の関わりがだんだん横につながっていく、といったかたちで広がるかもしれません。

個性の強い孤独な人々を、あなたがだんだんに結びつけていって、徐々にあたたかな「場」ができる、といった展開も考えられます。

また、友や仲間との交流のなかで、新たな夢に出会う人もいるでしょう。

2024年から2025年にひとつの目標を達成して一段落ついたところで、今後あらためて、10年以上をかけて追いかけられる夢を再設定できるときです。

さらに2026年なかばから2027年なかば、木星は「救い、犠牲、救済、秘密、過去、隠棲、未知の世界」の場所に入ります。

冒頭の「イルカ」が船に追い着き、困っている人間とどうにか意思疎通して、最終的に人間が「救われる」のがこの段階です。

もしかすると困っているのはイルカたちのほうで、人間が救いの手を差し伸べるという展開もありえます。

いずれにせよ、ここで「救い」の魔法が発動するのです。

このタイミングでの「救い」は、2024年からの「距離を超えようとする人間関係」と、密接につながっています。

時間をかけてだれかと結びつこうとしてきたその努力が、ここで、まさに魔法のようなかたちで報われるのです。その因果関係は、現実的にはあまりはっきりわからないかもしれません。

たとえば、犬や猫を飼い始めて、最初はなかなかなつかなかったのに、あるときから急になついてくれるようになる、ということがあります。

何がきっかけで彼らが心を開いたのか、それは人間には、決してわかりません。

どうすれば心を開いてくれるか、といったこともわからないものです。

どんなにかわいがっても、死ぬまでなついてくれないペットもいます。

努力がかならず報われるというわけではなく、わかり合えるかどうかは絶対にわからないのですが、それでも、奇跡のように、気持ちが通じる瞬間が巡ってくる可能性があるのもまた、事実です。


2024年から、そうした奇跡を「期待する」のではなく、あくまで「希望して」「信じて」関わりを持つ努力をしてきた人に、奇跡が報いてくれそうなのが、2026年後半から2027年前半なのです。

・冥王星の移動

2024年11月、冥王星が山羊座から水瓶座への移動を完了します。

この移動は2023年3月から始まっており、逆行、順行を繰り返して、やっと

２０２４年に「水瓶座へ入りきる」ことになるのです。冥王星が山羊座入りしたのは２００８年、前述のとおりリーマン・ショックが起こったタイミングでした。

冥王星は「隠された大きな財、地中の黄金、大きな支配力、欲望、破壊と再生、生命力」等を象徴する星とされます。この星が位置する場所の担うテーマは、私たちを否応ない力で惹きつけ、支配し、振り回し、絶大なるエネルギーを引き出させたあと、不可逆な人間的変容を遂げさせて、その後静かに収束します。

２００８年から冥王星が位置していた山羊座は、乙女座から見て「恋愛、好きなこと、趣味、子ども、クリエイティブな活動、才能、遊び、ペット」などを象徴する場所です。

２００８年ごろから今に至るまで、こうしたテーマに「縛りつけられていた」ような人もいるかもしれません。

あるいは自分と愛するものが一体化し、分離が困難な状態になっていたのではないかと思います。

そうした状況から離脱するのが、２０２４年11月です。これは「愛するものと離れる」といったことではなく、あくまで心情的に「飲み込まれたような状態から抜け出し、より自由に、フラットに関われるようになる」ということなのだと思います。

特に、溺れ込んだような状態、依存状態、離れたくても離れられないような状態になっていたなら、そうした愛の泥沼から抜け出して、より伸びやかに、解放された状態で愛し合えるようになるはずです。

愛の真空状態で呼吸困難になっていた人ほど、２０２４年の「脱出」を心地良く感じられるでしょう。

これまで愛だと思っていたのが実は、単なる補償行為や執着だったと気づき、そこから改めて本当の愛の道に踏み出す、といった体験をする人もいるだろうと思います。

　とはいえ、ここまでの愛への没入、愛への陶酔と融合は、決して無意味なものでも、まちがったものでもありませんでした。いったん愛に完全に飛び込みきってしまうことで、あなたは人生の新しい可能性や、今まで知らなかった世界の存在に気づかされただろうと思うのです。

「その体験がなければ、今の自分はない」ということ、これまでの体験の深い価値と意義を、ほかならぬあなた自身が、だれよりもよくわかっているはずです。

　あるいは今はまだ、わからなくても、しばらく経ったときに「あのときに自分は、愛の洗礼を得て生まれ変わったのだ」と思い返せるはずなのです。

　2024年、冥王星が移動していく先の水瓶座は、乙女座から見て「就労条件、日常生活、習慣、訓練、義務、責任、役割、健康状態」などを象徴する場所です。

　乙女座はもともと、ワーカホリックな傾向がある星座です。

この２０２４年終わりから２０４３年ごろまで、あなたの「任務」の場所に、融合と再生の星・冥王星が位置するということは、単純に「忙しくなる」「仕事に没頭する」「役割や任務と一体化する」といった流れが考えられます。

ある種の任務を通して生まれ変わるような体験をする人もいれば、ある種の役割に縛りつけられたような状態になり、そこから世界をのぞき見ることで人生観が変わるという人もいるでしょう。

また、この場所は「健康」と関係が深い場所でもあります。肉体改造に取り組んだり、セルフケアを実践したりすることで、やはり生き方が根本から変わっていくような体験ができるかもしれません。

何かに夢中になるあまり、体を壊すような展開だけは避けたいところです。

まずは「体をだいじにする」という基本的な生活方針を、どこまでも大切にしていただきたいと思います。

5

乙女座の世界

乙女座について

乙女座は「乙女」という語により、やさしさ、たおやかさ、柔弱さなどの印象を持たれがちです。

たとえば男性のなかには、自分が「乙女座」であるということを嫌う人も少なくありません。勇壮な「獅子座」や「射手座」が好まれたりします。

乙女座と獅子座は隣り合わせになっていて、非常に対照的です。

私はかねて、この隣り合わせの配置にこそ、乙女座の神髄が込められているのでは、と考えてきました。というのもたとえば、乙女座の人々のなかには、体を鍛えることが非常に好きな人が少なくないのです。

獅子座は「力」を象徴しています。

パワー、自然の猛威、人間にはコントロールできない「獣性」が、「獅子」というモチーフの直接的な象意です。

獅子座自体の象意にはもっと複雑なものが込められているのですが、星座にかぎらず「ライオン、獅子」というモチーフは非常に古くから多くの文化で愛されており、紋章や旗などにも用いられたりします。その示すところは、勇気や力、勝利等のイメージです。

では、その隣に立つ「乙女」とはなんでしょうか。

乙女座は水星に支配された「知性、管理、コントロール、ケア、教育、統制」などを象徴する星座です。

これらは、獅子の「力、獣性」の対極にあるものです。「獅子」が人間にはコントロールできない荒ぶる力を意味するなら、「乙女」は人間によるオペレーションを象徴しています。

たとえば乙女座は「軍隊」とも関係が深いとされています。

乙女座は決して、少女の柔弱さを象徴する世界ではありません。むしろ「大きな力や暴力も、人間の知性でコントロールすることにより、有益なものに変わる」ということを示すのが「獅子のかたわらにいる乙女」なのです。

こう考えると、乙女座に「体を鍛えることが好きな人が多い」というのもうなずけます。

体を鍛えることとは、「コントロール」そのものです。

乙女座はみずからをコントロールし、オペレーションし、「力」を用いようとする星座なのです。

他者を圧倒し支配する力、暴力は、そのままにしておけば危険な力でしかありません。

この「力」を現実的な、有益なかたちで用いるには、どうすればいいか。

ルールを作り、統制する手段を考え、適切に運用されねばなりません。

では、そうしたルールや統制は、何を根拠にどんな基準で作られるのでしょうか。

乙女座の世界観には、その根拠となる道徳心、倫理観が深く刻まれています。

乙女座の次にある天秤座は「法典・裁判」の世界です。天秤座こそがルールの世界なのです。

その手前にある乙女座は、実はもっと混沌とした現実に向き合い、そこから制御された力を取り出そうとする世界、と言っていいように思います。

ルールを新たに取り決める前の道徳的・倫理的要請が、乙女座の見つめているものなのです。

たとえば「ここでタバコを吸ってはいけません」というルールがあるのは、かつてそこでタバコを吸っていた人々がいたこと、ルールがなければそこでタバコを吸う人がいること、その一方で、タバコの煙に迷惑している人がいることを示しています。

乙女座は、そんな「ルールができる前の状況」を、よく観察し、分析しているのです。

ルールができてしまえば「ルールを破った者が悪」となりますが、ルールができる前は、ただフラットにたがいの権利や利害がぶつかり合っているだけです。

そこにグラデーション的な、どっちにも振り切れぬ善悪の混じり合いを見て取って、そこから現実的な解決策を見いだそうとするのが、乙女座の世界観なのです。

ゆえに、乙女座の人々はルールを遵守する一方で、ルールを絶対視はしません。ルールはあくまで、現実のなかから立ち現れるものだとわかっているからです。このことは、同じ水星を支配星とする双子座と、ある意味において共通しています。

だからこそ、乙女座の星のもとに生まれた人々は、とてもやさしいのです。そのやさしさは、やわらかくあたたかいだけのものではなく、理知に裏打ちされていて、ときにシャープで、ときにゴツゴツしています。

マッサージ師が痛いほどの刺激を与えて人の体を癒やそうとするように、乙女座の人々のやさしさは、ときどき「痛い」くらいです。

乙女座の人々は、人間の善良さ、やさしさをもって、さまざまな力をなんとか、よいほうに向けようと努力します。

どんな力も、使い方によって、人間を傷つけることもあれば、人間を救うこともあります。

現実においてどんなふうに「力」を使えば、人が救われ、幸福に暮らせるか。

乙女座の人々が見つめているのは、たとえばそんな命題なのです。

おわりに

これでシリーズ4作目となりました「3年の星占い」、お手にとってくださって誠にありがとうございます。

これまで毎回、冒頭にショートショートを書いてきたのですが、今回はあえて小説の形式をやめ、「象徴の風景」を描いてみました。

というのも、2024年から2026年は長い時間を司る星々が相次いで動く、特別な時間だったからです。天王星、海王星、冥王星の象徴する世界観は、無意識や変革、再生といった、かなり抽象的なテーマを担っています。日常語ではとらえにくいことをたくさん書くことになるので、思いきって「シンボル」自体にダイレクトに立ち返ってみよう、と思った次第です。

もともと、これまでの冒頭のショートショートにも、たくさんの象徴的隠喩を仕込んできました。あの短い小説のなかに、「3年」のエッセンスをぎゅっと詰め込む工夫をするのは、毎回、私の大きな楽しみでした。ただ、あのような「匂わせ」のかたちでは、今度の「3年」の大きさ、力強さが表しにくいと思ったのです。

「花言葉」が生まれたのは、直接思いを言葉にすることがマナー違反とされた時代だったそうです。心に秘めた思いを花に託して、人々はメッセージを伝えようとしたのです。「あなたを愛しています」と伝えるために、真っ赤なバラを贈るしかなかった世のなかでは、すべてのものがメッセージに見えていたのかもしれません。赤いバラを手渡して、相手に愛を理解してもらおうとするのは、「隠喩」「アナロジー」の原点だろうと思います。

当たるか当たらないかにかかわらず、「乙女座の人に、向こう3年、何が起こるか」ということを個別具体的に書くことはほぼ、不可能です。というのも、「乙女座の人」といっても十人十色、本当にさまざまな立場、状況があるはずだからです。可能性のあるすべての出来事を箇条書きにするようなことができなくはないかもしれませんが、それでは、なんのことだかかえってわからなくなってしまいます。ゆえに、こうした占いの記事は「隠喩」でいっぱいにならざるを得ません。

かのノストラダムスも、直接的な表現はほとんどしていません。彼は詩で占いを書き、後世の人々がその隠喩をさまざまに「解読」しようとしました。本書のような生活に根ざした「実用書」であっても、読み手側のすることはほとんど変わらないように思えます。すなわち、自分に起こりそうな出来事、すでに起こっている出来事と占いを照らし合わせ、そのシンボリズムを解読、デコードしていくのです。

ゆえに占いは、どんなに現実的なものであっても、「謎解き」の部分を含んでいて、神秘的です。そこには、解読されるべき秘密があるのです。

そして私たちの心にもまた、それぞれに自分だけの秘密があります。

だれもがスマートフォンでSNSに接続し、どんなことでもテキストや動画で伝え合って「共有」している世の中では、まるで秘密などないようにあつかわれています。ですがそれでも、私たちの心にはまだ、だれにも打ち明けられない秘密があり、内緒話があり、まだ解かれない謎があります。

だれかに語った瞬間に特別なきらめきを失ってしまう夢もあります。

だれの胸にもそんな、大切に守られなければならない秘密や夢があり、その秘密や夢を、希望といううっすらとした靄がくるみこんでいるのだと思います。

これだけ科学技術が発達してもなお、占いは私たちの「心の秘密」の味方です。

本書が、この3年を生きるあなたにとって、ときどき大切な秘密について語り合えるささやかな友となれば、と願っています。

太陽星座早見表
（1930～2027年／日本時間）

太陽が乙女座に入る時刻を下記の表にまとめました。
この時間以前は獅子座、この時間以後は天秤座ということになります。

生まれた年	期　　間
1954	8/24 1:36～9/23 22:54
1955	8/24 7:19～9/24 4:40
1956	8/23 13:15～9/23 10:34
1957	8/23 19:08～9/23 16:25
1958	8/24 0:46～9/23 22:08
1959	8/24 6:44～9/24 4:07
1960	8/23 12:34～9/23 9:58
1961	8/23 18:19～9/23 15:41
1962	8/24 0:12～9/23 21:34
1963	8/24 5:58～9/24 3:23
1964	8/23 11:51～9/23 9:16
1965	8/23 17:43～9/23 15:05
1966	8/23 23:18～9/23 20:42
1967	8/24 5:12～9/24 2:37
1968	8/23 11:03～9/23 8:25
1969	8/23 16:43～9/23 14:06
1970	8/23 22:34～9/23 19:58
1971	8/24 4:15～9/24 1:44
1972	8/23 10:03～9/23 7:32
1973	8/23 15:53～9/23 13:20
1974	8/23 21:29～9/23 18:57
1975	8/24 3:24～9/24 0:54
1976	8/23 9:18～9/23 6:47
1977	8/23 15:00～9/23 12:28

生まれた年	期　　間
1930	8/24 6:26～9/24 3:35
1931	8/24 12:10～9/24 9:22
1932	8/23 18:06～9/23 15:15
1933	8/23 23:52～9/23 21:00
1934	8/24 5:32～9/24 2:44
1935	8/24 11:24～9/24 8:37
1936	8/23 17:11～9/23 14:25
1937	8/23 22:58～9/23 20:12
1938	8/24 4:46～9/24 1:59
1939	8/24 10:31～9/24 7:48
1940	8/23 16:29～9/23 13:45
1941	8/23 22:17～9/23 19:32
1942	8/24 3:58～9/24 1:15
1943	8/24 9:55～9/24 7:11
1944	8/23 15:46～9/23 13:01
1945	8/23 21:35～9/23 18:49
1946	8/24 3:26～9/24 0:40
1947	8/24 9:09～9/24 6:28
1948	8/23 15:03～9/23 12:21
1949	8/23 20:48～9/23 18:05
1950	8/24 2:23～9/23 23:43
1951	8/24 8:16～9/24 5:36
1952	8/23 14:03～9/23 11:23
1953	8/23 19:45～9/23 17:05

生まれた年	期間
2003	8/23 22:09 ~ 9/23 19:47
2004	8/23 3:54 ~ 9/23 1:30
2005	8/23 9:47 ~ 9/23 7:23
2006	8/23 15:24 ~ 9/23 13:03
2007	8/23 21:09 ~ 9/23 18:51
2008	8/23 3:03 ~ 9/23 0:45
2009	8/23 8:40 ~ 9/23 6:19
2010	8/23 14:28 ~ 9/23 12:09
2011	8/23 20:22 ~ 9/23 18:05
2012	8/23 2:08 ~ 9/22 23:49
2013	8/23 8:03 ~ 9/23 5:44
2014	8/23 13:47 ~ 9/23 11:29
2015	8/23 19:38 ~ 9/23 17:21
2016	8/23 1:40 ~ 9/22 23:21
2017	8/23 7:21 ~ 9/23 5:02
2018	8/23 13:10 ~ 9/23 10:54
2019	8/23 19:03 ~ 9/23 16:50
2020	8/23 0:46 ~ 9/22 22:31
2021	8/23 6:36 ~ 9/23 4:21
2022	8/23 12:17 ~ 9/23 10:04
2023	8/23 18:02 ~ 9/23 15:50
2024	8/22 23:56 ~ 9/22 21:44
2025	8/23 5:35 ~ 9/23 3:19
2026	8/23 11:20 ~ 9/23 9:05
2027	8/23 17:15 ~ 9/23 15:02

生まれた年	期間
1978	8/23 20:57 ~ 9/23 18:24
1979	8/24 2:47 ~ 9/24 0:15
1980	8/23 8:41 ~ 9/23 6:08
1981	8/23 14:38 ~ 9/23 12:04
1982	8/23 20:15 ~ 9/23 17:45
1983	8/24 2:07 ~ 9/23 23:41
1984	8/23 8:00 ~ 9/23 5:32
1985	8/23 13:36 ~ 9/23 11:06
1986	8/23 19:26 ~ 9/23 16:58
1987	8/24 1:10 ~ 9/23 22:44
1988	8/23 6:54 ~ 9/23 4:28
1989	8/23 12:46 ~ 9/23 10:19
1990	8/23 18:21 ~ 9/23 15:55
1991	8/24 0:13 ~ 9/23 21:47
1992	8/23 6:10 ~ 9/23 3:42
1993	8/23 11:50 ~ 9/23 9:21
1994	8/23 17:44 ~ 9/23 15:18
1995	8/23 23:35 ~ 9/23 21:12
1996	8/23 5:23 ~ 9/23 2:59
1997	8/23 11:19 ~ 9/23 8:55
1998	8/23 16:59 ~ 9/23 14:36
1999	8/23 22:51 ~ 9/23 20:30
2000	8/23 4:48 ~ 9/23 2:27
2001	8/23 10:28 ~ 9/23 8:05
2002	8/23 16:18 ~ 9/23 13:55

石井ゆかり（いしい・ゆかり）

ライター。星占いの記事やエッセイなどを執筆。情緒のある文体と独自の解釈により従来の「占い本」の常識を覆す。120万部を超えた「12星座シリーズ」のほか、多くのベストセラー&ロングセラーがある。『月で読む あしたの星占い』『新装版 12星座』（すみれ書房）、『星占い的思考』（講談社）、『禅語』『青い鳥の本』（パイインターナショナル）、『星ダイアリー』（幻冬舎コミックス）ほか著書多数。

LINEや公式Webサイト、Instagram、Threads等で毎日・毎週・毎年の占いを無料配信中。

公式サイト「石井ゆかりの星読み」https://star.cocoloni.jp/

インスタグラム　@ishiiyukari_inst

［参考文献］

『完全版 日本占星天文暦 1900年～2010年』
魔女の家BOOKS　アストロ・コミュニケーション・サービス

『増補版 21世紀占星天文暦』
魔女の家BOOKS　ニール・F・マイケルセン

『Solar Fire Ver.9』（ソフトウエア）
Esotech Technologies Pty Ltd.

［本書で使った紙］

本文	アルトクリームマックス
口絵	OK ミューズガリバーアール COC ナチュラル
表紙	バルキーボール白
カバー	ジェラード GA プラチナホワイト
折込図表	タント L-67

すみれ書房
石井ゆかりの本

新装版 12星座

定価 本体1600円+税
ISBN978-4-909957-27-6

生まれ持った性質《しくみ》の、深いところまでわかる、
星占い本のロングセラー。

星座と星座のつながりを、物語のように読み解く本。
牡羊座からスタートして、牡牛座、双子座、蟹座……魚座で終わる物語は、読みだしたら止まらないおもしろさ。各星座の「性質」の解説は、自分と大切な人を理解する手掛かりになる。仕事で悩んだとき、自分を見失いそうになるとき、恋をしたとき、だれかをもっと知りたいとき。人生のなかで何度も読み返したくなる「読むお守り」。

イラスト：史緒　ブックデザイン：しまりすデザインセンター

3年の星占い　乙女座
2024年-2026年

2023年11月20日第1版第1刷発行

著者
石井ゆかり

発行者
樋口裕二

発行所
すみれ書房株式会社
〒151-0071　東京都渋谷区本町6-9-15
https://sumire-shobo.com/
info@sumire-shobo.com〔お問い合わせ〕

印刷・製本
中央精版印刷株式会社

ISBN978-4-909957-34-4　Printed in Japan
NDC590　159p　15cm